Curelea Walter Ionuț

JURNALUL UNEI VIEȚI NEFERICITE 2

Tu îmi ești oxigen, îmi ești apă, îmi ești lumină...

Editor

BOOKS EVOPIXEL

Publisher

Copyright

Contact:

Email
no-reply@books.evopixel.ro
Website
https://books.evopixel.ro

Cuprins

PREFAȚĂ

O carte prin care autorul își expune în mod direct trăirile și emoțiile interioare, din dorința de a-și varsa amarul și din dorința de a putea învața restul oamenilor cum să actioneze în anumite situații.
Această carte este mai mult o carte a experienței, decât una romantică, spre deosebire de prima carte care era adresată în mare parte acelei fete pe care n-o puteai scoate din minți.
Citind această carte, vei sta de vorbă, de fapt, cu un prieten ce-ți va da sfaturi în legătură cu întrebările pe care ți le-ei pus la un moment dat în viața. ca să iasă din tipare și să învețe să își ofere iubirea pe care a simțit că ceilalți nu i-o pot da.

PARTEA I

Durerea

Uneori ți-e greu să crezi că mai poți simții durere, însă viața îți arată mereu contrariul în lumea în care cei slabi mor primii.

CAPITOLUL 1

E greu să te îndrăgostești iar după ce ai suferit atât și ți-ai pierdut încrederea total în oameni. Însă, vezi tu, mereu va exista o părticică din tine care va vrea să iubești iar. Probabil este ceva implantat în subconștientul nostru care ne forțează să ne tot îndrăgostim de-a lungul vieții, indiferent cât am fi suferit sau nu.

Pentru cei ce au citit prima carte, voi explica mai mult ce înseamnă sentimentul ăsta de durere după atât timp și după atâta încredere pierdută în oameni.

Vezi tu, durerea intervine mereu în viața noastră. Fie că vrem, fie că nu, tot ajungem să ne îndrăgostim și vom ajunge iar de unde am plecat.

Da, m-am îndrăgostit de ea, de fata cu care am încheiat prima carte. Nu pot să zic că este groaznic, pentru că am simțit cum e iar să iubești pe cineva, iar acel cineva să țină oarecum la tine.

Vezi tu, aici intervine problema. Când ajungi să iubești iar și să pui sentimente, devii automat, iar, vulnerabil în fața persoanei la care ții.

Uite, eu am ajuns să o iubesc enorm, deși ne cunoaștem de puțin timp. Probabil aș face totul pentru ea și, mai mult ca sigur, dacă ar avea vreodată nevoie de o părticică mică din mine, m-aș sacrifica pentru a o ține în viață.

Prostii, evident. Nu cred că ea ar face chiar toate astea pentru mine, pentru că știu că nu îmi oferă chiar tot ce îi ofer eu.

Da, într-adevăr, mesajele de „Neața" de la ea îmi fac ziua mai bună și pot spune că îmi dau mai multă energie decât îmi poate da un energizant sau o cafea vreodată. Însă, ajungi la un moment dat să îți pui întrebările: „Oare chiar ține cum țin eu la ea?", „Oare sunt suficient de bun pentru ea?", „Dacă pleacă, eu ce fac?".

Este ceva normal să-ți tot pui astfel de întrebări când ai ajuns, la un moment dat în viața ta, să nu mai ai încredere în oameni. Vrei să te asiguri și vrei să fii sigur că nu vei mai suferi iar, cum ai tot suferit de-a lungul vieții.

Nu părea că mă voi mai îndrăgosti de cineva după ce am spus în prima carte, nu?
Evident că nu. Dar e inevitabil să se întâmple când tu, de fapt, tot ce îți dorești e să fii fericit.

Nu poți masca asta la nesfârșit și să te tot ascunzi sub propoziția: „Sunt bine, îmi bag pula în omenire." Poate îți bagi pula în continuare în omenire, însă asta nu înseamnă că ești și bine.

Așa suntem noi, unii oameni: alergăm după fericire și avem și așteptări.

Câteva cuvinte vreau să spun pentru ea.

Draga mea, tu îmi ești oxigen, îmi ești apă, îmi ești lumină...
Cum pot să nu am așteptări de la tine?

Cum aș putea să nu trăiesc cu gândul că poate exista cineva mai bun decât mine, care mă poate îndepărta oricând de tine?
Cum aș putea fi fericit, când, uneori, îmi oferi tot, iar alteori, mai nimic?

Îți spun eu: nu pot fi fericit așa...
Ajung doar să sufăr și să țin în mine tot. Probabil, pentru că ție nu-ți pot spune toate aceste lucruri.

Cum aș putea să scot pe gură așa ceva?
Ce bărbat aș fi eu?

Dacă tu nu ai fi ceea ce pari? Dacă ți-ai băga ceva în sentimentele mele, când ai știi că aș face totul pentru tine? Eu ce aș face?

Aș suferi în tăcere și m-ar lua mii de stări și gânduri de căcat pe secundă, gândindu-mă iar că sunt o persoană de căcat și că nu merit nimic.

După ce aș face?
Mi-aș pierde iar încrederea în toți oamenii, inclusiv în familie, și probabil mi-aș plânge de milă.

În fața ta sunt vulnerabil...
Să-mi bag pula în ele de sentimente, ca să nu mă mai domine.

Și uite cum ajung iar de unde am plecat, din cauză că te iubesc.

Cum e bine, oare? În niciun fel, probabil. Nici cum ajunsesem înainte să te cunosc, nici cum sunt acum.
Acum sunt fix ca în prima parte a primei cărți.

Un cățeluș supus din cauza unor sentimente.

Doare, să știi.
Doare când nu ești tandră și dulce cu mine.
Doare când te comporți ciudat.

Și, totodată, e așa frumos când se întâmplă contrariul...

CAPITOLUL 2

Trec printr-o mie de stări când vorbesc sau când nu vorbesc cu tine, nici nu știi tot ce simt într-o singură secundă din viața mea.
Mă iubești?
Îți pasă?
Este adevărat că poți găsi, în orice moment, pe oricine mai bun decât mine?
Mii de întrebări, zero răspunsuri, o mulțime de sentimente, niciun feedback.

Aș face totul pentru tine, draga mea iubită, sper să nu fie iubită imaginară, tu știi cel mai bine. Tu știi cel mai bine ce vrei să faci din mine, tu știi dacă contez sau nu, eu rămân doar cu întrebările și probabil, la un moment dat, și fără tine.

Acum hai să trecem la cititorii acestei cărți. Astăzi am trecut printr-o criză emoțională fără să vreau.
Cum vecinii mei îmi tot fut burghie în perete de câteva săptămâni bune, iar eu nu mai am liniște dimineața deloc, am ajuns să mă trezesc foarte devreme.
Și m-am gândit să mă trezesc și înaintea ei pentru a-i spune și eu, o dată în viața mea, primul „Neața".

Evident că mi-a luat-o înainte, m-am trezit la 8, nu la 7.

Ajungem să vorbim și, din senin, îmi spune: „De, dacă vecinii tăi au bani de bormașină”.
În momentul acela îmi tot puneam întrebări de genul: „Mă, dacă e materialistă?”, „Dacă de fapt nu ține la mine și doar se preface pentru că se plictisește și ea și nu are cu cine vorbi?”.

Noi mai vorbiserăm despre lucruri de genul și spusese că îi plac banii și prostii de genul, rahaturi. N-am băgat în seamă, eram ceva gen: „Cui nu-i plac banii, nu?”.

Ei bine, având în vedere că, cu o seară înainte, vorbiserăm despre mine că nu am permis, mi se activase o luminiță verde în creier care îmi indica să n-am încredere în oameni și să anulez toate sentimentele pentru ea, pentru că nu mă place și are un interes.

Habar nu aveți cât de nașpa m-am simțit în acea zi, iar ea dădea dovadă că nu îi pasă, fix ce nu îmi trebuia mie în momentul acela.
I-am spus tot, m-am descărcat, am ales să risc să mă frig mai rău, a ieșit okay totul pentru că îmi spusese că ține la mine, însă în felul ei. Da, ciudat, însă asta mă mai liniștise și mă scosese, pe moment, din acel șoc emoțional pe care mi-l creasem singur.

A fost groaznic ce s-a întâmplat, efectiv m-am întors la 180 de grade și începusem să plâng în timp ce trăgeam dintr-o țigară.
Cred că am mai spus eu prin prima carte că fumatul a fost singurul care m-a mai relaxat când eram în depresii.

Eh, am fost bine până pe seară, îmi spusese să nu mai fumez și să am grijă de mine, că ea se duce pe afară.

Drăguț, aceste cuvinte mi-au umplut inima, efectiv uitasem tot ce se întâmplase.

Însă, după ce se întoarce, vorbim, puțin mai greu, deoarece făceam ceva la niște proiecte, a fost okay până i-am dat mesaj. Ea era online și nu răspundea.

Ghiciți ce sentiment am avut în mine.

Am avut sentimentul ăla de om de nimic, mă simțeam inutil, efectiv îmi făceam scene cum ea vorbește cu alt tip mult mai fain decât mine și deja vedeam cu ochii cum ăla mi-o fură.

Evident că n-am de unde să știu dacă așa a fost sau nu, asta o pot observa în continuare, din comportament, pentru că ea, evident, nu va spune dacă s-a întâmplat asta sau nu.

Mă doare... mi-e frică că își poate găsi pe altcineva și că m-am îndrăgostit iar ca prostul, m-am lăsat iar vulnerabil în fața unei persoane și nu mai vreau asta.

Am suferit prea mult ca să vreau să mai sufăr o dată.

Când iubești pe cineva, automat ești și prost, iar rațiunea se duce pe pulă.

De-asta n-am mai vrut să iubesc, de-asta am vrut să rămân doar eu cu mine, însă nu am putut efectua acest pas, întrucât vreau să fiu fericit.

Aș fi ipocrit să zic că nu vreau o femeie în viața mea care să mă iubească necondiționat și căreia să îi pese, în fiecare secundă, de mine.

CAPITOLUL 3

Am trăit cu impresia că, la un moment dat, te obișnuiești cu durerea și că aceasta nu se va mai simți atât de rău. Însă să știi că nu e deloc așa. Durerea nu se mai simte la fel de des, dar, când se simte, are o putere de două ori mai mare.
Îmi tot imaginez nopțile în care nu dorm cum ar fi să am o viață exact așa cum mi-am dorit. Să fiu apreciat pentru ceea ce fac, să fiu iubit de o femeie în adevăratul sens al cuvântului.
Evident, aceste gânduri duc la și mai multă durere. Doar gândindu-te, simți cum îți pulsează cerneală neagră în vene, în loc de sânge.
Sunt prea slab față de ceea ce vreau să arăt.

Sincer, am avut o perioadă faină până să ajung să scriu cartea a doua. Nu mă interesa nimic, de nimeni, doar de mine și atât... până mi-a schimbat ea iar perspectivele și până am ales să plâng după ea ca un câine flămând care plânge după mâncare.
Sincer, mă asemăn cu un câine flămând: el moare de foame, iar eu de lipsa iubirii.
Cam același lucru pot spune, având în vedere că mă hrănesc cu sentimente.
Doare să o știu departe, doare să știu că o pot pierde, doare să știu că nu o pot strânge în brațe.
Mă face al dracu' de vulnerabil știind asta.

Durerea e o boală de care nu vei scăpa niciodată, oricât ți-ai dori.
Fericirea e atât de scurtă când știi că durerea devine din ce în ce mai intensă și te macină.
Nu știu cum mă simt sau ce simt... Sunt iar eu, ăla de dinainte, ăla vulnerabil în fața unei persoane, din cauza ta...
Măcar dacă aș ști sigur că meriți. Însă tot ce pot să garantez eu acum e că doar vorbești cu mine în prezent și atât.
Îmi fac degeaba planuri despre cum ar fi să ne mutăm împreună și să-mi iau viața în piept, când știu că, probabil, gândesc mult prea departe.

M-a orbit în profunzime și clar nu mai știu de capul meu, iar, din păcate...
Am ajuns la concluzia că așa este făcută viața, ca și Universul – un ciclu.
Azi ești fericit, mâine trist, peste trei zile iar fericit, apoi iar trist, și o luăm de la capăt.
Noi am creat ciclul ăsta, am creat un mic Univers care ne macină mereu.

Eu sunt de vină, știu, dar nu pot fi altfel. Așa sunt eu.
Aș fi un laș să spun că mă pot schimba.
Sunt făcut să fiu așa și, din nefericire, să nu fiu nici apreciat.
Oameni ca mine sunt rari, însă pierderea lor e totuși o certitudine. Știu asta. Însă degeaba știu, dacă mă macin în continuare din cauză că am fost prost și am ales să iubesc iar... o persoană minunată ca ea...
Sau poate doar eu o văd minunată și nu e așa. Nu m-

ar mira. Într-un fel, m-am obișnuit să se tot întâmple așa.

Doare pentru că am ales să iubesc.

Am ales să fiu iar prost și să las rațiunea la o parte.

Am ales să mă las din nou controlat de sentimente.

Am ales să vreau să iubesc iar o ființă umană. Și poate că n-ar fi trebuit.

Așa voi ajunge mereu, până când cineva chiar va merita să mă aibă și va fi bucuros cu mine în viața lui.

Tot ce vreau e să nu mai fiu dezamăgit de atâtea ori și ca persoanele din jurul meu să înțeleagă că mie chiar îmi pasă.

La sinceritate nu mă aștept, sincer, din partea nimănui - nici măcar din partea familiei - dar mă aștept din partea unei persoane la care ajung să țin și de la care am așteptări.

Cred că e ceva normal în ziua de astăzi să iubești și să fii dezamăgit. Poate nu în întregime, dar măcar pe jumătate.

Așa am ajuns noi, oamenii: să ne placă să dezamăgim tot în jurul nostru.

CAPITOLUL 4

Și uite că această durere va exista mereu, deși poate ești sătul de ea până în măduva oaselor.
Trebuie să te obișnuiești, pentru că, dacă iubești prea mult, clar vei avea de suferit.
Așa am ajuns noi, oamenii, din păcate, niște fiare fără scrupule, care ne gândim doar la fericirea noastră și atât.

Chiar țin la ea, dar vezi tu, cum am mai tot spus și în prima carte, nu mai există oameni care să țină cu adevărat la tine, ci doar se prefac că le pasă.
Dar dacă ai fi la pământ, cel mai probabil n-ar da niciun ban pe tine. Ai fi considerat jegul de sub unghia lor, probabil.

Mie o să-mi treacă toată faza asta cu sentimentele la un moment dat, însă ce fac dacă mă atașez iar?
Mai merită să mai am încredere în oameni și în zdrențele din ziua de azi?
Evident că nu, dar nu poți să te abții. Cauți fericirea întruna și n-o găsești curând, probabil niciodată.
Dai mereu de oameni care îți reamintesc câte defecte ai, nu câte calități, din păcate. Ăștia sunt oamenii și asta au ajuns să fie.

Mereu am sperat să învăț ceva din tot ce mi s-a întâmplat, însă am învățat degeaba. Niciodată n-am pus în practică, pentru că n-am putut să-mi controlez vulcanul de sentimente și emoții din mine. Iar astfel, am reușit să eșuez de fiecare dată când am vrut să-mi bag pula pentru totdeauna în oameni.

Mereu a apărut o „ea" care doar și-a bătut joc de mine cu atâta plăcere.

Eu ce am făcut? Am încasat toată durerea generată de sentimentele mele pentru toate trotinetele la care am ținut.

Trist. Însă, mult mai trist pentru mine.

Aș vrea o „ea" care să îmi arate că e diferită, nu una care să vorbească din plictiseală cu mine, care să-mi piardă timpul și nervii degeaba.

Nu am cerut mult și nu am cerut imposibilul, însă, după cum am mai zis, nu mai merită să ai încredere în oameni, cu atât mai mult în cele ce pretind că sunt femei, dar, de fapt, sunt doar niște zdrențe.

M-am născut cu durere și am învățat să o tot îndur, până când a ajuns să doară din ce în ce mai tare și am fost nevoit să învăț mai bine să mă apăr de ea.

Oare când n-oi mai simți durerea deloc?

Există această posibilitate?

Probabil nu, pentru că în permanență va trebui să îți construiești un nou scut, mai puternic decât precedentul.

Uneori aș prefera să mor, doar ca să nu mai port o luptă continuă cu durerea. Însă, probabil, aș fi prea laș dacă aș ceda și nu aș crea deloc o stare de tristețe în ochii nimănui. Toți ar fi: „Am scăpat și de prostul ăsta".

Nu vreau să le dau satisfacție, pentru că nu merită. Sunt doar niște sclavi, toți.

Doar eu merit să fiu fericit. Doar eu știu cum sunt ca persoană și că nu sunt ca ei.
Sunt mult mai diferit, sunt om, am rămas om și știu să iubesc, să apreciez bunătatea și ceea ce merită.

Dacă m-aș lăsa învins de durerea cauzată de ei, aș claca și le-aș face pe plac.
I fuck humanity!
Nu mă voi lăsa învins, chit că știu că doare enorm de tare.
Voi lupta să fiu fericit cu mine, pentru că eu contez.
Iar dacă eu sunt fericit așa cum sunt, asta contează.

Aș fi ipocrit să zic că nu voi mai iubi niciodată, însă clar nu voi mai face totul pentru nimeni și voi aștepta să facă acea persoană totul pentru mine.
Nu vreau să mai sufăr și să îndur. Mi-a ajuns să-mi pese doar mie și nimănui de mine.

Iar pentru tine, draga mea, îți mulțumesc că mi-ai arătat că ești ca restul. Dacă îți păsa de mine, făceai ce făceam și eu pentru tine, pentru că observai că sunt om de valoare, nu Mugurel cu BMW E46, ce are volan pe dreapta.

PARTEA II

Societatea

Societatea este o unealtă folosită de noi, oamenii pentru a manipula alți oameni, fiind creată de către noi în scopul de a ne autodistruge.

CAPITOLUL 5

Nu am vrut să discut despre asta în mare sau să scot o întreagă parte despre așa-zisul subiect „societatea", însă ceva m-a făcut să îmi dedic mai mult timp acestui subiect.

Vedeți voi, am mai discutat despre asta și în prima carte, însă n-am depus atât de mult efort încât să vorbesc detaliat.

Am terminat ultima parte din prima carte cu capitolul „Încrederea", care se referea în mare parte și la societate, însă probabil nu am atins acest subiect în întregime așa cum ar fi trebuit s-o fac.

Ce este societatea?

O armă creată de către noi, care stabilește ce este bine și ce este rău. Sau, mai bine spus, ce au zis alții că este bine și ce este rău.

Binele sau răul îl stabilim fiecare în funcție de personalitatea pe care o avem.

Vedeți voi, am spus în ultima parte a primei cărți că eu, unul, nu am fost prea mulțumit de oameni încă de mic și am descoperit, tot de mic copil, cum este lumea de fapt și ce am ajuns să creăm cu mâinile noastre.

Noi credem că evoluăm, însă evoluția asta creează mult mai multă prostie.

Oamenii devin din ce în ce mai cretini, iar cei care îți

doresc răul sunt din ce în ce mai mulți.
Mulți vor să aibă ce ai tu și aici se creează frustrarea omului respectiv.

Cel ce urăște pe cineva fie îl urăște pentru că nu poate fi ca el, fie pentru că este diferit de el și de restul, și asta îl deranjează.
Fiecare stabilim ce este normal sau nu pentru noi, nu alții.
Poate mie mi se pare normal să fac bani într-un fel, poate altora li se pare normal să se trezească la 7 dimineața și să lucreze.
Nu suntem în măsură să judecăm omul în niciun fel, iar dacă suntem mai sus decât altcineva, asta nu ne dă dreptul să-l luăm peste picior, pentru că acel cineva clar este bun la altceva la care noi suntem praf.

Ura și invidia au creat această societate.
Din frustrările pe care le-am avut și le avem, ajungem să judecăm oamenii care au un scop în viață, care au reușit și care vor să devină din ce în ce mai buni.
Eu, unul, am învățat cum să mă comport cu acești oameni formați de o societate eronată, însă clar sunt mulți ca mine care devin doar niște sclavi ai lor și care ajung la pragul în care se desconsideră pentru jegurile celelalte de oameni, ajung să sufere și să își dorească să dispară din lumea asta de căcat.

Este o lume de căcat, nu neg, însă arată-le tu că nu ești la fel de căcat ca ei. Fii tu ăla diferit, chiar dacă îți iei multe șuturi în fund. Mai dă-le și muie când vezi că și-o iau în cap și se cred superiori.
Serios, dacă cineva ajunge să te urască și face tot

posibilul să te vadă jos, e clar că este invidios pe ceea ce poți face tu.

Oamenii din ziua de azi mereu te vor vrea jos, indiferent că-ți sunt prieteni sau nu, indiferent că i-ai ajutat sau nu.

Oameni de calitate - mai rari; maimuțe involuate - la tot pasul.

Am mai spus și în cealaltă carte cum, la un moment dat, fusesem bătaia de joc a unora doar pentru că eram naiv și n-aveam suficient sânge în organul de reproducere masculin ca să îmi bat și eu joc de ei.

Acum, pur și simplu, am învățat că cei care merită sunt bine-veniți, iar ceilalți pot să mi-o mai și sugă, pentru că părerile lor sunt egale cu zero.

Eu sunt propriul meu șef și eu am grijă de mine și de viața mea, nu niște măscărici inculți, fără suficient creier să facă ceva util cu viața lor.

Știi cum e viața? Cunoști pe cineva, îl testezi să vezi dacă merită să facă parte din viața ta și abia după îți poți pune încrederea în el.

Restul? Restul îți pot mânca din fund rahatul când e cald, să nu facă mai mult roșu în gât decât au deja. Și atât.

CAPITOLUL 6

Societatea ne-a învățat să fim cumva, noi doar vom arăta că suntem așa, însă vom fi doar ce vrem noi.

Eu niciodată nu voi fi un prost și nu voi agrea ideea de prostie, însă dacă alții sunt și atât îi duce capul, lasă-i să fie, e mișto satisfacția să vezi cum tot caută să te doboare și, de fapt, nici să te ajungă cu un deget nu reușesc, atunci vor vrea să îți facă și mai mult rău pentru că văd că nu le iese. Ce mișto e să vezi sclavii cum îți stau la picioare și te pupă în fund, e ca și cum ai mânca ce ai poftă fix când ai poftă. Îți hrănești sufletul cu vitamine.

Să începem și cu un storytime, cum v-am și obișnuit.

Eu fiind implicat în mai multe proiecte, evident că am și sclavi care mă pupă în fund, că na, dacă ei nu pot face ce fac eu și n-au niciun viitor, ce să și facă.

Mă trezisem cu niște mesaje pe server-ul de Discord al unui proiect de-al meu de la niște sclavi de la mine din liceu, nu mai țin minte exact dacă vorbisem de ei sau nu în prima carte, însă sunt exact ca cei ce îi prezentasem în acea parte din carte.

Niște măscărici fără un viitor anume care știu doar să judece și să fie invidioși pe ceea ce ei nu pot face niciodată.

Vedeți voi, eu unul n-am de ce să îmi pierd timpul cu astfel de persoane, nu-mi pot face niciun rău, ci doar mă pupă în fund, ba chiar mă promovează, iar mie îmi convine asta.

Sunt suficient de cretini încât să nu realizeze că făcând bullying și venind cu hate asupra unei persoane, public, sau discutând despre ea în nume de rău, acea persoană automat se face mai cunoscută.

Puteam să mă iau în gură cu ei și să le ofer atenție?

Aș fi fost probabil mai prost, au luat ban de pe acel server și gata.

Eu unul nu-mi pierd timpul cu sclavi pentru că timpul meu este mult mai valoros decât să-l irosesc arătându-le altor persoane că sunt proaste, oricum în veci nu vor realiza asta, așa că, mai bine îmi folosesc timpul în continuare într-un mod util.

Cine mă apreciază o face chiar dacă zice Dorel din Potcoava că sunt un căcat.

Oamenii proști mereu vor vrea să doboare oamenii mult mai inteligenți decât ei, însă nu vor reuși niciodată dacă acel om inteligent își folosește creierul mai mult și realizează că acele persoane care tot caută să îi îngroape o fac din ură și invidie.

Referitor la societate, acești oameni consideră că ei știu tot și că doar ei au dreptate, când, de fapt, sunt niște ratați fără viitor care își pierd timpul.

Societatea a creat acești oameni, iar alți oameni mai proști decât ei au creat această societate, important e să fii tu și să faci ce vrei în continuare, pentru că dacă te lași doborât dai satisfacție și le faci pe plac, aceste persoane își ating scopul.

Mai întâlnisem iar niște oameni care tot voiau să-și bage pula în ceea ce făceam eu, prin diferite metode, însă n-au reușit.

Aceleași tipologii de oameni ofiliți și fără viitor.

Asta este societatea, o lume murdară în care trebuie să-ți vezi doar tu de treaba ta fără să bagi alte progenituri eșuate în seamă.

Trebuie să-ți vezi scopul pe care îl ai și să vrei să-l atingi, indiferent de ce vor zice ceilalți, dacă ție îți place asta, fă-o și atât.

Cum am ajuns să fim așa invidioși și răi?

Simplu, evoluția ne-a făcut atât de inteligenți, încât am realizat că fiecare e bun la ceva și așa am devenit frustrați.

Frustrați, întrucât noi oamenii vrem ca noi să fim cei mai buni, nu toți.

Singuri ne-am adus în situația asta și cel mai probabil nu vom ieși curând, fiindcă ne place așa, ne place să fim răi, e frumoasă rău ura asta de ne curge prin vene.

În loc să ne ajutăm între noi, ne distrugem pentru ca noi să fim cei mai buni, nu toți oamenii la un loc.

CAPITOLUL 7

Societatea este alcătuită din oameni de nimic, cât și din puținii oameni de valoare, deci nu este niciun sfârșit de lume și nici o luptă pierdută.

Este doar o luptă între tipologiile de oameni ce există pe acest pământ.

Și din păcate, nicio tipologie nu va câștiga prea curând, deși ne tot apropiem mai mult spre prostie.

Trebuie să învățăm să ne apreciem toți între noi, deși suntem așa diferiți, însă oamenii josnici nu vor vrea niciodată să facă asta, ei se cred superiori în întregime și atât.

Probabil, în viitor vom deveni fie buni, fie răi, însă în prezent și în viitorul apropiat vom duce o luptă continuă.

Avem democrație, însă degeaba, dacă nu știm să o folosim, avem libera exprimare, însă o folosim ca să jignim, în loc să ne spunem punctul de vedere.

Mai pe scurt, nu avem nimic, degeaba avem atâtea dacă le folosim pentru a ne face rău nouă înșine.

E ca și cum ai avea furculiță, dar mănânci cu mâna, un lucru util pe care îl facem automat inutil, întrucât ne stricăm confortul de „mari oameni", unii mai preferă să mănânce și supa fără linguriță, probabil o sorb direct din bol, sau nu știu.

Ce vrem noi, de fapt, să realizăm ca oameni?

Vom muri la un moment dat și ce lăsăm în urmă umanității? Nimic.

D-asta și generația aceasta a devenit o generație de depresivi, întrucât se lasă conduși de maimuțe care au ajuns să ne domine.

Nu vom ajunge nicăieri dacă vom continua așa, însă cine sunt eu să îmi dau cu părerea?

Cu părerea își pot da doar cei ce sunt sus și au căpătat un rang.

Vrem o lume mai bună, însă nu facem nimic pentru a o avea.

Eu am început proiectele pe care le am din plăcere și pentru a realiza ceva fain pentru gamerii din țara asta, însă evident că nu am fost apreciat cât trebuia, ei erau deja sclavii altor comunități de gaming ce doar promit și atât.

Așa am ajuns să vreau să dezvolt proiectul și mai mult și să nu depindă numai de gaming, poate, cândva voi găsi oameni care să aprecieze adevărata muncă și nu doar lucrurile făcute prost.

În ziua de astăzi nu contează dacă e făcut prost sau nu, important e să ne satisfacă confortul și să ne simțim bine.

Trend-ul a apărut din dorința de a manipula pe toată lumea, pe motivul: „e la modă, așa e bine"

Vedeți voi, noi dacă auzim: „e la modă, e fain", nu mai ajungem să gândim și să ne întrebăm de ce e la modă, e de ajuns să ajungă la modă ca să fie dorit de toți.

Not okay!

Nu prea știm ce vrem, sincer să fiu, dacă am ajuns să creăm această expresie: „e la modă".

Dar, de fapt, oricum nu mai e important ce vrem, cât timp avem confort, bani și judecăm pentru că suntem perfecți.

Greșit, total greșit.

E foarte important să știm ce vrem și să realizăm că suntem toți un ecosistem, un complex de stele ce formează o galaxie.

Fără acele stele nu ar mai fi o galaxie.

Dacă am fi o galaxie, am putea crea curând și un univers.

Degeaba există această globalizare, dacă noi nu suntem uniți și vrem doar bani și să ne fie nouă bine.

Am mai spus, evoluția a ajuns, de fapt, să însemne prostie și nu este un lucru deloc bun.

Cât despre mine, voi lupta mereu să alcătuiesc această galaxie și sper să întâlnesc oameni capabili care să vrea să alcătuiască împreună ceva frumos pentru a ne dezvolta ca umanitate.

Așa, încet, încet vor dispărea scursurile societății de tot din plan, unindu-ne toți cei ce vor să creeze ceva frumos.

CAPITOLUL 8

Și cu această parte am vrut să ating toate subiectele importante pentru viață, subiecte prin care am trecut și eu și, probabil, mai sunt câteva subiecte de atins, însă vă voi lăsa pe voi să le descoperiți pe parcursul citirii acestei cărți legate de viața mea.

Am întâlnit multe tipologii de oameni până acum, tipologii care se încadrează doar în categoriile: oameni de calitate și scursuri ale societății în care trăim.

Sper ca pe viitor toți să vrem să ne ajutăm fiecare pe fiecare, însă viitorul îl decid toți oamenii, nu doar eu.

Eu pot spune doar că am uitat să mai fim oameni, am uitat cum e să iubești, să ajuți, să formezi o echipă, ca la fotbal, o echipă complexă fără jigniri și judecare.

La ce să ne așteptăm de-n dată ce există chiar o funcție cu numele „judecător", persoana care ar trebui să fie capabilă să ne judece faptele în concordanță cu legea.

Adică noi înșine nu suntem capabili să realizăm ce am făcut, încât să ne autopedepsim, ci alții iau decizia pentru faptele noastre. Urât când ar trebui să realizăm și noi ce este bine și ce nu.

Ăștia suntem, asta vrem să fim, asta vom fi, și nu vom realiza nimic, însă rămân doar să îmi expun părerea în această carte și atât. De schimbat ceva, trebuie să vrem măcar jumătate dintre noi să facem pentru a realiza ceva.

Mereu am căutat diferite căi de a ne ține sub control, fie legea, fie credința, însă am eșuat, pentru că importantă este dorința să fim oameni, nu lucruri inventate pentru a ne supune.

Am crezut că evoluăm, însă am involuat.

Degeaba nu ne mai controlează religia pe mulți, dacă noi tot nu știm să fim oameni.

Unii tot ajung să fie judecați pentru ce vor să fie și unii tot uită să fie oameni.

Aș vrea să fac ceva pentru societate, însă, de fiecare dată, a trebuit să lupt degeaba, pentru că nu s-a întâmplat nimic.

Ne lăsăm conduși de cine nu trebuie și după tot noi judecăm persoana aceea.

Păi, a cui este vina?

A noastră, de două ori la rând.

Odată pentru că ne lăsăm conduși de cine nu trebuie, și a doua oară că judecăm, practic, în loc să ne judecăm pe noi pentru deciziile făcute, judecăm persoana pe care am ales să ne conducă.

Așa ajungem la concluzia că suntem din ce în ce mai proști mulți dintre noi și ne și place așa.

Trecând prin tot ce am trecut, am ajuns la concluzia că nu trebuie să mă schimb și trebuie să fiu ceea ce simt.

Mare bucurie în lumea asta când a murit cineva în vreo revoluție, însă nu ne-a adus ceva frumos această bucurie, pentru că am ales mereu răul.

Unde sunt oamenii care erau oameni?

Au fost cumpărați de interese proprii și de bani.

Frumos, pot spune, urât, pot argumenta.

Fii ceea ce vrei și nu te schimba pentru nimic în lume, iubește, învață din greșeli și nu uita să ții lângă tine doar oamenii de calitate cu care poți realiza ceva, cu care poți crea un complex, restul doar te încurcă și n-au niciun loc în viața ta, care aparent e mult mai faină decât a lor.

Am fost destul de dezamăgit să aflu că lumea pe care o vedeam eu când eram naiv, nu este deloc așa, însă m-am obișnuit cu asta pe parcurs și am realizat că eu sunt cel mai important.

Ajungând să mă consider un rahat, am aflat că, de fapt, eu sunt cel care sunt superior multor specimene de pe pământul ăsta.

A fost o luptă grea de dus, dar uite că am învins.

PARTEA III

Iubirea

Uneori este bine că o ai, alteori este rău ca nu o ai, nici tu nu mai știi cum e bine când devii doar o unealtă sentimentală.

CAPITOLUL 9

Și uite că am tot discutat despre iubire, însă n-am atins subiectul care trebuia atins.

Vezi tu, noi am fost învățați că dacă iubim și oferim, automat și primim, dar nu este deloc așa, deoarece în ziua de azi ajungi să te frigi din ce în ce mai rău.

Am alergat mereu după dragoste și m-am ales doar cu lacrimi și suferință. Normal, în rahat, dacă am alergat după ceva ce nu mai există și am căutat alinarea în brațele oricărei străine ce îmi apărea în cale.

Am iubit-o pe fata asta, fata de care vorbeam în prima parte, și uite că, deși am tot spus că este minunată, m-am înșelat.

Era normal că nu este așa, de-n dată ce ajunsesem să am deja primele suspiciuni după aproape două săptămâni, nu?

Evident, însă când iubești ești automat și prost, am tot repetat această idee.

Pe lângă faptul că m-a dezamăgit și m-a ignorat după a doua ceartă, a și ales să-și bage de tot picioarele în toată dragostea mea. Tipic unei femei care nu e în stare să știe ce vrea, tipic unei femei imature, incapabilă să înțeleagă dragostea unei persoane.

A fost genul ăla de femeie care a preferat să fim împreună, după care să-și bage pula în sentimentele mele, fie că a apărut altcineva, fie pentru că doar s-a prefăcut că mă iubește.

Frumos, pot spune, o altă zdreanță.

Pentru cei ce nu știu ce înseamnă o zdreanță, îi rog să citească prima carte.

Am iubit-o și pe fata asta cu adevărat, însă a ales să își bată joc, ca marea majoritate a fetelor din viața mea.

Nu spun că nu sufăr, mă doare al dracu de tare să știu că m-a folosit pentru plictiseală și că imediat a zburat la altcineva, cel mai probabil, pentru că nu se comporta așa și nici nu dădea semnale că ar fi genul ăla de fată, singura problemă a fost că a spus că îi plac banii, deși a completat după că nu ar sta cu nimeni pe interes.

Prostii, să fim serioși, de-n dată ce argumentezi faptul că-ți plac banii, nu poți să negi că n-ai sta cu cineva pe interes, dacă îți plac așa mult, ai face aproape orice ca să-i obții.

Este cam logic.

Eu, unul, dacă știu că aș face bani ușor cumva, aș aborda imediat acea modalitate, dacă pot face bani ușor, de ce nu?

În condițiile în care eu văd banul ca un punct de interes comun.

Un interes de care depindem nu în totalitate, ci nici pe sfert.

Dacă ai bani ești fericit o perioadă, după te plictisești pentru că îți atingi scopul cu ei.

Dacă ai persoane care să țină la tine, nu te vei plictisi niciodată și vei fi în totalitate fericit, împărțindu-ți emoțiile, trăirile, sentimentele cu acele persoane.

Practic, ai tot pentru toată viața, până acea persoană dispare din viața ta din cauza morții.

O iubire adevărată mereu va ține și va face față oricărui obstacol creat de destin.

Este greu până găsești persoana potrivită, după te poți considera cu adevărat fericit și împlinit.

Cel mai bine e să fii indiferent cu toți, mai ales cu cei ce îți demonstrează că nu sunt demni să îți ocupe un loc în viață.

Cu cât ești mai rar, cu atât ești mai căutat, ca și aurul, aurul nu are vreo utilitate, dar fiind așa rar, devine brusc și valoros.

Niciodată nu vei vedea un om care să se laude că are apă, apa a devenit ceva comun pe care toată lumea și-o poate permite.

Astfel, valoarea apei este foarte mică, dacă era mai rară, era mai prețioasă și scumpă.

Așa și cu oamenii, cu cât devii mai indisponibil, oamenii te vor căuta mai mult, fie că au un interes față de tine, fie că nu.

Am învățat acest lucru deoarece îi ofeream prea multă atenție, cum fac eu de obicei când iubesc, ofer tot ce am mai bun din mine.

Ei bine, ea probabil a realizat că nu mă va pierde niciodată și că sunt numai bun de folosit, asta în cazul în care a avut o mică atracție și grijă pentru mine la început, altfel ne putem da seama ce fel de persoană este.

CAPITOLUL 10

Iubirea este despre cum oferi și primești, nu oricine poate înțelege asta, mulți nu au fost învățați ce înseamnă să iubești, pe mulți i-au cumpărat banii și au ales să fie sărăcie în interior, au ales să nu aibă suflet, ci doar să se prefacă.

Eu, unul, voi rămâne la fel și de acum înainte, însă mă voi iubi mai mult pe mine. Dacă nu voi reuși, măcar voi încerca, voi încerca să mă pun mereu pe primul loc. Nu este egoism, dacă este folosit cu măsură. Eu nu m-am iubit niciodată așa cum le-am iubit pe ele și doare să spun asta, pentru că eu contez în primul rând pentru mine. Lucrul ăsta ar fi trebuit să îl analizez mai bine de fiecare dată când mă îndrăgosteam.

O să devin mult mai rece cu ele, pentru că merită. Eu nu sunt jucăria nimănui, iar eu sunt cel mai important.

Dar ce faci când iubești cu adevărat și devii iar mult prea interesat?

Simplu, nu te mai îndrăgostești așa repede, deși va trebui să lucrezi mult cu tine, pentru că știi că ești o persoană care are nevoie de afecțiune și iubire.

Totul este greu, așa este viața, dacă ar fi fost prea ușoară nu mai ajungeam să muncim pentru a ajunge la evoluția din zilele de astăzi.

Iubirea mai există, însă trebuie să ai mare grijă unde o cauți, iar până o găsești, important este să te iubești pe tine și să-ți faci ție pe plac.

Răsfață-te pentru a genera fericire în interiorul tău, fără ajutorul nimănui din jurul tău sau a altora.

Am tot încercat să înțeleg oamenii de când tot sufăr încontinuu. Eu știu deja cum funcționez și am mai spus, pe bază de sentimente, însă oamenii, în general, își văd doar interesul și nimic mai mult. Ăștia sunt oamenii, asta este societatea în care trăim, asta trebuie să fim în jurul lor pentru a nu cădea drept proști.

E uimitor cum poți manipula omul, în general, și să-l faci să te placă, să te iubească, să îți mărturisească ceva, însă e greu să nu te lași prostit de oamenii care au doar interese la tine și folosesc astfel de strategii pentru a te manipula.

Nu vreau să mai iubesc vreodată așa mult pentru că îmi face mai mult rău decât îmi face singurătatea, însă voi încerca să mai iubesc, pentru că este cel mai frumos sentiment din lume și pentru că nu vreau să mă las manipulat de bani și alte interese, vreau să rămân integru.

Vreau să descopăr iubirea adevărată la un moment dat, chit că mi-e frică că voi suferi iar.

Ar trebui să mă tot gândesc la un lucru: dacă este iubire adevărată, nu voi suferi.

Dacă acel cineva la care țin îmi răspunde cu aceleași sentimente mereu, este clar că acea persoană merită rolul de persoană importantă în viața mea, poate chiar rolul de cea mai minunată iubită.

Dacă am învățat să iubesc, am învățat să și renunț ușor la oamenii care nu mă merită deloc.

Este cel mai ok lucru, să iubești, dar să știi când să te și oprești dacă ceva este în neregulă. Iar uneori indiferența este cea mai bună soluție, ucide încet, dar te face să fii și învingător de fiecare dată. Nu ieși prostul nimănui din orice situație, dar te și răzbuni.

Doare să știi că renunți, însă durerea este arma către succes, un nou început și o nouă victorie.

CAPITOLUL 11

Iubirea vine și pleacă când vrea ea și este de ajuns să ne mulțumim atunci când o avem.

Să fiu mai concret, depinde de tine dacă ești capabil să iubești până la un anumit punct și depinde de tine cât vrei să iubești.

Dacă această zisă „iubire" dispare, pur și simplu, poate cealaltă persoană nu te-a meritat.

E ușor să faci tot posibilul pentru a ține în picioare o relație, însă e mult mai greu când lupți de unul singur, iar persoana cealaltă nu mai poate de ceea ce îi oferi tu.

Să fac și un mic storytime legat de subiectul ăsta.

Vedeți voi, tot povesteam recent de tipa aia cu care mă vedeam în viitor și care mi-a trădat atât sentimentele, cât și iubirea.

Am crezut că este diferită, dar sincer să fiu, m-am înșelat, ca de obicei, nimic nou, nimic interesant, am fost doar eu cel care ține prea mult la persoane fără să și primească la schimb ceea ce oferă.

Asta este, m-am fript iar, am mai spus, când iubești ești predispus să te frigi deoarece nu poți garanta nimic de la persoana cealaltă, e o necunoscută, iar tu, un necunoscut.

Tot ce trebuie să faci este să te îndrăgostești și să cazi pradă acestui sentiment frumos, dacă chiar ai găsit persoana potrivită, totul va merge bine și frumos, dacă nu ai găsit persoana potrivită, vei ajunge să suferi puțin și asta e, doar ți-ai promis până acum că vei rămâne un luptător, nu?

Evident, și nu te vei lăsa călcat în picioare de ultima zdreanță ce-ți apare în cale printre miile de zdrențe pe care le-ai întâlnit.

Așa am ajuns și eu să mă cert cu fata aceasta întrucât se comporta ciudat și dădea de înțeles că are pe altcineva, prin story-uri pe Instagram, dar și prin comportament.

Cel mai ciudat lucru a fost când am ales să o blochez și a început să mă caute, ciudat, nu?

Cam da, însă la cum se comportase cu o seară înainte când îi zisesem că vreau să vin la ea să ne vedem pentru că îmi lipsește, mi s-a făcut pur și simplu scârbă, regret însă că am ales să dau vina pe mine când îi spusesem în față că eu am impresia că vorbește cu mai mulți tipi, iubiți, dacă le putem spune așa.

Știi cum e, adevărul doare și când doare, doare rău.

Probabil s-a dat de gol singură că așa a fost, fiindcă se simțea profund deranjată de faptul că aș fi făcut-o curvă indirect prin nesiguranța mea când i-am spus că sunt nesigur pe ea, ba chiar mă făcuse să cred că am spus ceva greșit și că este total vina mea, după care efectiv se comporta rece. A fost o perioadă destul de urâtă din viața mea, cu ea mă visam în viitor pentru că mi se părea așa diferită. Prostii, oamenii de valoare nu apar așa din neant, și dacă apar, apar foarte rar.

Sincer, mă bucur într-un fel că a plecat din viața mea și mai ales că prin acel block, i-am trezit curiozitate și și-a dat seama că, prostul acum, chiar a plecat pe bune. Am simțit un fel de dulce răzbunare pentru că-mi pierdusem timpul și pentru că nu m-a meritat.

Când spun că-mi pierdusem timpul, mă refer la 6 ore bune, pe zi, în care vorbeam non-stop fără pauze foarte mari.

Nu mă întrebați ce vorbeam atât, dar găseam noi ceva de vorbit, chestii aproape random.

Acum înțelegeți de ce mă atașasem așa mult de ea?

Aveam destule motive, nu doar vorbitul.

Probabil și grija pe care mi-o oferea câteodată, cel mai probabil ca să nu piardă prostul care își pierdea timpul, dar și pentru a mă face să sufăr, nu știu ce a avut de câștigat din asta, însă, este treaba ei.

Pentru mine a fost mult prea dureros să aud de la ea: „Nu vreau să ne vedem, ce să cauți tu aici, că te atașezi și mai rău de mine." din gura fetei care îmi spunea că ține la mine, încât să-mi mai pese de ea și să vreau să sufăr în continuare.

Doare mai puțin ruptul unei legături emoționale decât să te tot mintă cineva că te iubește.

CAPITOLUL 12

Cam asta este iubirea și acestea sunt părțile ei negative, dar cum am tot vorbit despre părțile ei negative, să trecem și la părțile ei pozitive.

Să presupunem că ai găsit o persoană minunată în care chiar ai încredere și nu te-a dezamăgit așa rău până acum.

Cum te simți?

Simplu, minunat, special, superb, mai pe scurt, ai face orice pentru a menține această fericire în viața ta și pentru a iubi acea persoană toată viața ta.

Uite, vezi, după tot ce mi s-a întâmplat și toată nesiguranța mea asupra multor fete din viața mea, am reușit să întâlnesc o fată minunată și pe care o văd perfectă. Sincer să fiu, nu m-a trădat deloc de cât timp ne cunoaștem și, deși se comportă uneori ciudat și mă mai supără, o iubesc.

Știu că așa am zis la aproape toate tipelele din viața mea, însă ea îmi dovedește în fiecare zi cât de mult mă iubește și nu e zi în care să nu mă trezească mesajul ei de „Neața pui".

Sincer să fiu, nici nu mai contează că poate mă trezește din somn uneori cu spam-ul de mesaje, atâta timp cât știu că acel spam este făcut de ea.

Mi-a adus lumină în viață și m-a făcut să uit de trecut, ba chiar este atât de protectivă încât i-a dat mesaj „fostei", dacă o pot numi așa, ca să mă lase în pace și să nu mă mai caute, pentru că, din păcate pentru ea, m-a pierdut.

Uneori mă simt eu mult prea neputincios în fața ei și consider că nu îi ofer chiar tot ce trebuie, pentru că nu îi ofer chiar tot timpul meu și, sincer să fiu, mi-e frică să n-o pierd din cauza asta.

Mi-e frică să n-o pierd pentru că uneori acționez prea dur când mă supără și nu prea este ok.

Este minunat doar faptul că mereu ne-am împăcat și am trecut peste tot, pentru că, după cum am mai spus, fata asta chiar mă iubește și apreciez enorm lucrul acesta. Nici nu știu ce să mai fac pentru ea ca să-i arăt cât de importantă este pentru mine, însă încerc să fac tot posibilul și încerc să-i ofer tot ce este mai bun.

Singurul defect este că își oprește datele mobile de fiecare dată când are treabă și, vezi tu, îmi cam vine dor de ea și vreau să mai vorbim, dar nu este chiar un inconvenient având în vedere că și eu mai am treabă, ne sincronizăm până la urmă cumva.

Sincer, nici nu credeam că mă voi îndrăgosti de ea, având în vedere că la început părea așa ciudată și figurantă.

Uite că nu este deloc așa și, după cum am mai spus, nicio relație nu este perfectă și este evident că uneori ne mai certăm, micile idei diferite duc uneori la certuri, însă când doi oameni se iubesc, se împacă de fiecare dată, iar de fiecare dată împăcarea e din ce în ce mai dulce.

Ajungi să iubești și să fii iubit cu adevărat de persoana de la care te aștepți cel mai puțin și, de multe ori, acest lucru devine o surpriză plăcută.

Cam așa funcționează iubirea, când persoana care te merită a apărut în viața ta, va rămâne în viața ta și va face tot posibilul, ca și tine, să te țină alături.

Oricâte zdrențe sunt pe pământul ăsta, persoana potrivită va rămâne tot persoana potrivită.

Nimeni nu-ți va sta în calea fericirii atunci când acea persoană luptă lângă tine pentru voi.

Iubirea are atât părți bune, cât și rele, important este să nu renunți la a o căuta, pentru că nu știi niciodată când acea mare iubire pe care o cauți va veni și îți va umple viața de fericire.

PARTEA IV

Stările

Stările sunt o parte din noi, aparent nesemnificative, ele ne controlează în întregime viața.

CAPITOLUL 13

A trebuit să iau o pauză mai lungă de la scris ca să mă pot analiza mai bine, să văd cum funcționez și ce îmi doresc cu adevărat. Vezi tu, dragă cititor, uneori m-am simțit neputincios, alteori incapabil să fiu mândru de cine sunt, iar în final mi-am creat, oarecum, și un orgoliu jegos doar ca să-mi păstrez o brumă de demnitate.

Nu știu exact ce s-a schimbat atât de mult la mine, dar observ că sunt din ce în ce mai atent la detalii și văd tot mai clar cum sunt oamenii din jurul meu. Pot spune că mi-am câștigat un atu, care s-a dezvoltat în timp: atenția la detalii. Oamenii sunt proști și se dau repede de gol; trebuie doar să fii atent la cele mai mici lucruri, pentru că, de multe ori, tocmai ele sunt cele mai importante.

Așa am ajuns să mă înec în tot felul de stări, să-mi pun mii de întrebări, să am mii de stări pe secundă – și nu, nu a fost chiar minunat. Uneori mă întrebam ce vor oamenii de la mine, ajungeam la un răspuns care mă deprima, apoi îmi puneam alte întrebări și mă simțeam mai bine, și tot așa.

Realizez acum că toate aceste stări mi le-am creat singur, fără să-mi dau seama, iar ele au ajuns fie să mă deprime, fie să mă facă să zburd de fericire. E ciudat cum funcționăm noi, oamenii, dar devine interesant când începi să înțelegi mecanismele astea – îți dai seama rapid ce vor ceilalți de la tine.

Am povestit și în partea trecută cum am ajuns să cunosc fericirea – da, fericire creată de mine. Nu știu dacă am fost cu adevărat fericit, probabil, în proporție de 70%, mă mințeam singur.

Mi-am dat seama că fata aia nu mă iubește cu adevărat. Nu poți spune că iubești un om dacă faci mereu opusul, te contrazici singur. Probabil a fost doar un moment, ea, neavând experiență în relații, a vrut să testeze tot felul de tipologii de oameni. Sunt sigur că, dacă aș întreba-o, ar spune că mă iubește cu adevărat, dar e doar o minciună din frica de a nu mă pierde, pentru că încă nu m-am lăsat descoperit complet și nici ea nu mă cunoaște cu adevărat.

Când mă va descoperi cu adevărat, probabil se va plictisi. Deja apar semne de monotonie și dă subtil vina pe mine pentru orice, ca să iasă ea bine din toată povestea, iar când va pleca, să pară că eu sunt cel vinovat, cel care și-a bătut joc.

Slabă strategie, dar, sincer, inutilă pentru mine. Eu nu vreau război, nu vreau să mă lupt cu nimeni – pur și simplu, mă doare în cot și e perfect așa.

Mi-aș fi dorit ca ea să fie persoana pe care să o sărut dimineața, dar dacă se dă singură de gol că nu mă iubește și apoi maschează totul cu un „Te iubesc", nu mai are rost. Nu-mi mai pasă de oameni și, dacă mă atașez, la fel de repede mă și detașez. Nu am de ce să mulțumesc cuiva pentru că spune că mă iubește, când iubirea ar trebui să vină natural, fără să aștepți recunoștință.

Sună ciudat să-ți spună cineva: „Te iubesc” și apoi să adauge: „Ar trebui să fii recunoscător că te iubesc”. Nu am nevoie de iubirea ta dacă acționezi așa și dacă, indirect, îmi transmiți că sunt un nimic și că ar trebui să fiu recunoscător că mă iubește și pe mine cineva.

După cum am mai spus, iubirea se oferă pur și simplu, fără regrete.

Așa am ajuns, în perioada asta, să am mii de stări, analizând în profunzime adevărul ascuns printre rânduri.

CAPITOLUL 14

Vezi tu, adevărul ăsta te macină mereu. Oricând primești un adevăr, rareori ești cu adevărat împăcat cu el. Întotdeauna te va deranja ceva, iar de acolo pornesc întrebările, iar apoi apar stările: durere, uimire, plăcere, sau cine știe ce altceva.

Trebuie să te împaci cu ideea că ce s-a întâmplat, s-a întâmplat. Dacă ai fost prost, recunoaște, învață și mergi mai departe. Noi, oamenii, suntem proști și mereu avem ceva de învățat; nu fii însă mai prost decât e cazul, învață din orice experiență.

Nu fii țăranul acela care crede că, dacă are o diplomă de bac, știe tot și e mai presus decât restul. Serios, nu dovedești decât că întreci măsura prostiei și nu te ajută cu nimic, nici măcar pe tine.

M-am întrebat de multe ori ce vrea ea de la mine și răspunsurile m-au durut, pentru că îmi păsa de ea suficient încât să nu mă mai deranjeze nimic altceva. Dar am învățat să mă obișnuiesc cu orice răspuns aș primi, așa că, sincer, nu-mi mai pasă atât de mult și nu mai pun accent pe nimic.

Probabil că faptul că m-am îndrăgostit din nou m-a făcut, iarăși, mai prost – cum e și normal, dar măcar apreciez la mine că nu am rămas prost. Am avut și perioade cu mici depresii, evident, pentru ea nu au contat, pentru că, așa cum am mai spus, nu m-a iubit cu adevărat.

A ales să mă judece ca toți ceilalți, exact când aveam cea mai mare nevoie de înțelegere. Asta nu e iubire, ba dimpotrivă, e o dorință murdară de a lega pe cineva de tine doar ca să-l distrugi după.

Poate nu și-a dat seama ce face, dar nu o cred chiar atât de naivă încât să nu realizeze. Prefer să rămân sigur pe ceea ce cred și să nu-mi pătez orgoliul pe care mi l-am format între timp. Totuși, să exagerezi cu orgoliul sau cu egoismul e o mare prostie.

Poate că mi-am dorit relația perfectă, ca toți ceilalți, dar viața e ca la loto: uneori trebuie să mai încerci până câștigi. Nu-ți lăsa stările să-ți controleze viața, nu te împinge singur în rău, pentru că, așa cum am mai spus, noi ne creăm stările și tot ce depinde de noi.

Cât despre toți cei care vor să te tragă în jos, mai dă-i în pula ta, serios. Câți crezi că nu sunt invidioși pe inteligența ta sau pe ce ai tu? Sincer, tu n-ai fi dacă altcineva ar avea tot ce-ți dorești tu?

Poate acum, pentru că te crezi intelectual, vei spune că nu, dar, crede-mă, în adâncul tău simți altceva. Suntem ceea ce gândim, trăim ceea ce simțim. Dacă eu mă simt trist, e clar că, inconștient, voi emana tristețe în jurul meu – de aici vin și lucrurile negative din viața ta.

Crede-mă, abia așteaptă Eusebiu ăla invidios pe tine să fii trist, ca să profite și să te facă și mai trist. Stările trebuie să existe, dar nu trebuie să te afecteze atât de mult, pentru că, prin ele, realizăm anumite lucruri despre viața noastră. Fără ele, n-am mai conștientiza nimic.

Mi-aș dori atâtea lucruri să se întâmple în viața mea, dar probabil nu se vor întâmpla dacă nu voi acționa și mă voi pierde prea mult în ce simt. Dacă mă pierd cu măsură, totul va fi ok.

E bine să fii vulnerabil, dar e suficient să știi tu asta, fără să arăți tuturor cât de vulnerabil ești.

CAPITOLUL 15

Și tot am stări... Stări pe care nici eu nu le înțeleg pe deplin. Uneori mă gândesc la trecut, alteori la cât de fericit ar trebui să fiu acum, în prezent, pentru că, teoretic, am o iubită pe care o iubesc și care mă iubește la rândul ei.

Probabil am depășit momentele în care mă îndoiam că mă iubește, e mai bine acum, dar, vezi tu, tot mă simt nefericit. Parcă ceva din mine nu e împlinit cu adevărat și acel ceva tânjește după fericire. Mă macină atât trecutul, cât și prezentul.

Sunt fericit, într-un fel, pentru că o am pe ea, dar aș minți dacă aș spune că sunt cea mai fericită persoană de pe pământ. Nu sunt și, probabil, nici nu voi fi vreodată. Uneori am stări ciudate gândindu-mă la trecutul meu, la momentele care m-au marcat. Nu știu de ce, dar mă lovesc ca o palmă fără rost, ca un semnal că nu sunt cu adevărat fericit, așa cum nici în trecut nu am fost.

Să fiu oare orbit de ea și să nu văd că, de fapt, tot singur sunt în interiorul meu, de când mă simt așa și de când aceste amprente din trecut nu-mi dau pace nici în prezent? Nu știu și nu sunt capabil să-mi răspund la întrebări, oricât de bine cred că mă cunosc.

Am încercat să mă ocup cu tot felul de lucruri mărunte, doar ca să mă desprind puțin de ce simt, să uit că nu sunt chiar așa ok pe cât afișez. Am luat pauze de la scris, am încercat să mă refugiez în mine, să aflu ce nu e în regulă, dar am eșuat.

Nu știu de ce nu pot fi fericit, poate pentru că știu prea multe ca să mă mai poată uimi ceva. Probabil voi mai avea doar fericiri de moment și sunt conștient de asta.

Mă gândeam, înainte să mă apuc de acest capitol, la cum a fost Crăciunul meu, la ultima perioadă. Nu știu de ce, dar deși sunt ateu, mi-aș fi dorit un Crăciun fain, poate cu persoana pe care o iubesc, sau măcar să primesc răspuns la toate întrebările mele, mai ales la cea mai importantă: „De ce sunt nefericit?".

Acum trei ani, în perioada asta, mă gândeam cum să mă văd cu o fostă care nu era din același oraș cu mine. Sincer, a fost un Crăciun magic, ceva special – l-am petrecut jumătate la ea, jumătate acasă, bucuros că-mi mergea bine și un proiect personal.

Următorii ani au fost jalnici, nu pot spune altceva. Îmi plângeam de milă, mă gândeam fie la fosta de care mă despărțisem, fie la faptul că nu mai am iubită și mă simțeam un nimic. În 2019 chiar am avut gânduri negre, ajunsesem la limită, nimic nu mergea, nu aveam sprijin, singura distracție era să rup cluburile cu prietenii mei triști, care, sincer, nu mă ajutau deloc cu starea mea, mai ales că de Revelion mi-au făcut-o și mai lată. Am povestit mai multe despre asta în prima carte.

Oare Crăciunul ăsta va fi fain? Am o iubită care se presupune că mă iubește, dar sincer, nu sunt fericit. Nu am acea fericire de care am nevoie. Mai e și pandemia, probabil nici nu o să-mi văd iubita anul ăsta.

Stările astea mă macină des. Nu știu cum și de ce apar, dar poate sunt un avertisment al subconștientului că nu va fi bine prea curând, sau poate niciodată.

Mereu mi-am dorit să dau sfaturi, mai ales cu această carte, dar ca să poți da sfaturi, trebuie să vezi mai întâi partea întunecată a concluziilor care stau în spatele lor. Plus că, nu sunt omul care să dea sfaturi atâta timp cât nici eu nu știu ce se întâmplă cu mine, în anumite momente.

CAPITOLUL 16

Am ajuns la concluzia că fericirea ți-o creezi singur, de multe ori, poate chiar mereu, dar ai nevoie de motive reale ca să poți construi fericirea asta. Altfel, ajungi să te minți singur că ești fericit și, sincer, nu cred că vrei asta.

Uite, eu chiar nu sunt fericit, deși pot spune că o iubesc – ne cunoaștem deja de două luni și contează mult pentru mine. Probabil faptul că nu e mereu lângă mine mă face nefericit, sau poate că, de fapt, fericirea pentru mine nu înseamnă doar prezența cuiva. Când eram lângă o persoană care mă iubea, simțeam o bucurie reală, dar acum totul pare mai complicat.

Totul devine complex atunci când gândești prea mult. Oamenii inteligenți suferă adesea pentru că își pun mii de întrebări, iar răspunsurile fie nu vin, fie nu sunt siguri de ele. Mă gândesc la stările prin care am trecut în 2019, de Revelion și Crăciun – perioade frumoase, dar tot ce-mi doream era să am o iubită căreia să-i pot spune tot ce simt, să mă descarc emoțional. Acum am pe cineva, dar mi-e teamă să mă deschid complet, mi-e teamă că nu mă va înțelege sau mă va judeca, așa cum a mai făcut-o. Poate de asta nu sunt fericit: pentru că vreau să mă descarc, dar nu pot.

Sau poate sunt nefericit pentru că nici acum nu știu cine sunt cu adevărat.

Întrebări complexe, răspunsuri grele, gânduri care nu-și găsesc liniștea – ceva absolut normal, până la urmă.

În perioada asta, am trecut printr-o stare nasoală, mai ales când am aflat că ea ajunsese la spital. Culmea, nu era din vina ei, dar nici nu contează atât de mult contextul – contează ce am simțit eu. M-am simțit inutil, incapabil, ca un om care riscă să piardă ce iubește fără să poată face nimic ca să schimbe situația.

Cred că săptămâna asta m-a maturizat puțin, dar tot nu m-a făcut mai fericit. Când am aflat că este bine, am simțit o ușurare enormă și am putut, în sfârșit, să dorm fără să mă trezesc din oră în oră cu griji. Asta e o dovadă că o iubesc, dar nu înseamnă neapărat că sunt fericit.

Se pare că poți să iubești și să fii totuși nefericit. Nu știu exact de ce. Poate aș vrea ca ea să mă facă mereu fericit – nu zic că nu reușește, dar fericirea aia nu durează. Probabil o vreau lângă mine tot timpul, sau poate nici eu nu știu ce așteptări am de la mine și ce mă face cu adevărat fericit.

Poți fi fericit și singur, poți fi trist chiar și lângă cineva. La mine, însă, mereu au fost tristețea și singurătatea – n-am avut ocazia să le combin ca să văd cum ar fi.

Stările fac parte din tine, dar nu le lăsa să-ți controleze viața. Am mai spus asta și încerc să o aplic și eu, mai nou. Nu înțeleg cum, niciodată, în prezentul apropiat, n-am fost cu adevărat fericit, iar când eram mai tânăr și mai naiv, parcă totul era mai simplu.

Chiar e adevărat că inteligența te face mai trist? Se pare că da, pentru că, odată cu ea, vin și întrebările existențiale, uneori inutile, care nu-ți dau pace.

Vrei să evoluezi? Asumă-ți consecințele și dezvoltă-te odată cu stările pe care le ai. E vital să știi cum să reacționezi când rațiunea nu mai merge mână în mână cu inima.

Stările vin și pleacă, tu rămâi. Iubirea rămâne doar dacă te face fericit, eșecurile te întăresc, iar prostia – prostia e o boală gravă, care îi face pe oamenii inculți să fie fericiți.

PARTEA V

Cunoașterea

Mulți ne dorim să știm ce gândesc toți cei din jurul nostru, însă puțini ne dăm seama cu adevărat de ceea ce vor.

CAPITOLUL 17

Inițial, nu am vrut ca această parte să se numească „Cunoașterea", ci „Sacrificiul", însă, cu timpul, m-am răzgândit și o să-ți explic și de ce. Am realizat că nu merită să vorbim atât de mult despre sacrificiu, pentru că nu este mereu cea mai inteligentă alegere pe care o putem face.

Am vrut să mă sacrific pentru anumite persoane, dar mi-am dat seama, pe parcurs, că nu merită cu adevărat. Nu spun că nu e bine să faci sacrificii uneori, dar nu ar trebui să te sacrifici pe tine pentru altcineva.

Așa că, hai să trecem la numele acestei părți: „Cunoașterea". Mie mi-a plăcut mereu să descopăr lucruri noi, să mă dezvolt în domenii care mă pasionează, dar pot spune că nu a fost mereu o idee strălucită să-mi doresc să cunosc din ce în ce mai mult.

Știi cum stă treaba? Cu cât știi mai mult, cu atât îți pui mai multe întrebări și, treptat, ajungi la adevărul pe care îl cauți. Doar că, de multe ori, adevărul ăsta e greu de acceptat și durează până te adaptezi la el.

Când ajungi să cunoști oamenii rapid și să-ți dai seama instant ce fel de persoane sunt, nu e mereu plăcut. De multe ori, prima impresie pe care o lași sau o primești e una excelentă, dar, în realitate, lucrurile nu stau așa.

Ce e bun în toată povestea asta? Probabil faptul că nu te mai lași păcălit, iar durerea vine mai repede. Și, cu cât vine mai repede, cu atât scapi mai repede de ea – deși, uneori, e și mai intensă.

E fain să știi că poți să-ți dai seama de multe lucruri, dar trebuie să ai și un caracter puternic ca să poți face față la orice, altfel impactul poate fi prea mare. Știi cât de nasol e să realizezi că mulți oameni sunt falși și să primești, dintr-o dată, mii de vești de genul ăsta? Nu ai vrea să știi, sau poate știi deja, dacă și tu ți-ai dezvoltat anumite skill-uri de-a lungul vieții.

Sincer, nu știu exact cum am ajuns să cunosc atât de bine tot ce mă înconjoară, probabil setea de cunoaștere a fost de vină. Mă mândresc, într-un fel, cu asta – pot spune că sunt special și că am experiență în anumite domenii.

Și, cu asta, pot ajuta și alți oameni. Sunt sigur că mulți au trecut sau trec prin obstacole similare, pe care nu știu cum să le depășească. Cred că sunt extrem de mulți în situația asta.

Mi-am tot povestit viața, dar niciodată nu am explicat cât de important e să înveți din tot ce ți se întâmplă și, mai ales, să fii dornic să cunoști.

În momentele în care îmi puneam întrebări, încercam să mă cunosc pe mine și să înțeleg ce vreau cu adevărat, de ce mi se întâmplă anumite lucruri. Nimic nu e întâmplător, iar tot ce am trăit m-a format ca om. Da, poate am rămas cu mici traume, dar sunt ceea ce sunt acum și asta mă face să mă simt bine cu mine.

Mă iubesc așa cum sunt. Și, pe lângă asta, iubesc și pe altcineva. Chiar dacă am mai povestit despre asta și s-au întâmplat diverse lucruri, cel mai important în perioada asta a fost să mă gândesc la mine. Și nu, nu e egoism – până la urmă, ne naștem singuri, trăim singuri, murim singuri.

Asta e concluzia: dacă nu ești împăcat cu tine, nu vei fi împăcat cu nimeni. Iar ca să fii împăcat cu tine, trebuie mai întâi să te cunoști, să știi cum gândești și ce vrei.

Cunoașterea te face mai inteligent și te motivează să vrei să faci ceva cu adevărat important.

CAPITOLUL 18

Am trecut prin mii de stări și probabil încă mai am parte de ele, pentru că sunt o persoană complicată, aflată încă în proces de autocunoaștere. Pe zi ce trece, descopăr cât de ciudat pot fi și mă surprind singur cu lucruri noi despre mine.

Știi ce nu am încetat să fac, chiar dacă încă nu mă cunosc în totalitate? Să mă iubesc, indiferent de ce aflu despre mine. Cu timpul am realizat că fericirea absolută nu există pentru mine, pentru că mereu va apărea ceva care să mă întristeze. Așa funcționez, și paradoxal, nu mă deranjează deloc, pentru că deja știu la ce să mă aștept.

Nu am înțeles de la început cât de important este să mă cunosc pe mine însumi. La început, voiam doar să-i cunosc pe ceilalți, dar, cu timpul, am ajuns să-mi dezvolt ambele laturi. M-am obișnuit: dacă vedeam cum este cineva, pur și simplu nu mă mai interesa, pentru că învățasem să rezist impactului și nu mă atașam de acea persoană.

Cunoaște-te pe tine dacă vrei să-i cunoști și pe ceilalți. E foarte adevărat: dacă nu te știi pe tine, nu poți avea pretenția să-i înțelegi pe alții.

Suntem extrem de diferiți și gândim diferit. Deși, biologic, avem trei sferturi din creier ca restul animalelor, neocortexul ne diferențiază tot mai mult.

Oameni diferiți, gândire diferită, mentalitate diferită, dorințe diferite - totul e diferit.

Dacă ajungi să cunoști cu adevărat ce fel de om este cel cu care vorbești, ai realizat deja ceva important. Nu știu exact cum reușesc eu, dar s-a format în timp, ca un skill. Aici a contat mult inteligența și dorința de cunoaștere, calități esențiale pentru noi, oamenii, care vrem să evoluăm pe planeta asta.

Cum să cunoști? Trebuie să vrei cu adevărat să cunoști. Să fii atent la fiecare detaliu din jurul tău, să analizezi totul până ajungi la o concluzie. Concluzia aceea devine o imagine care te ajută să recunoști tipologia fiecărui om.

Evident, pentru asta trebuie să fii sociabil și dispus să te arzi de câteva ori. Știi cum e: nu riști, nu câștigi. Psihologia omului e, de fapt, ușor de înțeles dacă analizezi fiecare mișcare în detaliu.

De exemplu, spunem că cineva e timid. Cum ne dăm seama? Ne uităm dacă se bâlbâie când vorbește, la gesturile pe care le face și, astfel, putem analiza orice om și să-l încadrăm într-o tipologie. Și nu, nu se numește judecată, dacă omul acela îți oferă toate semnalele că este așa. Dacă îți spune că-l judeci fără să-l cunoști, e clar ipocrit, pentru că, undeva, știe și el ce face și, cu timpul, va conștientiza.

Poate pare prea multă psihologie, dar ca să înțelegi anumite lucruri, ai nevoie și de asta. Gândirea deschisă se formează în timp, pe măsură ce te dezvolți și îți antrenezi atât gândirea critică, cât și simțul de analiză. Poți fi cu adevărat open-minded doar când înțelegi cât mai multe lucruri.

Acum, lăsând la o parte psihologia și importanța cunoașterii, hai să-ți spun cum am ajuns eu unde sunt acum. E mult de povestit, dar o voi lua treptat și pe scurt, ca să nu plictisesc pe nimeni.

Cartea asta nu e doar un jurnal, ci și o carte din care să înveți ceva. Dacă nu ai învățat din greșelile mele, măcar să înveți din ceea ce am spus aici – asta, bineînțeles, dacă nu citești cartea doar din plictiseală.

CAPITOLUL 19

Ca să ajung să mă cunosc cu adevărat, a trebuit, în primul rând, să scriu prima carte și să trec prin alte mii de episoade de depresie. Am vrut să înțeleg cum gândesc oamenii și de ce niciodată lucrurile nu ies așa cum vreau eu; răspunsul e simplu: nu ieșeau pentru că, de fapt, nici eu nu voiam cu adevărat asta, doar mă amăgeam singur, fără să-mi dau seama.

O vreme am crezut că o fată mă va schimba, că nu voi mai fi „monstrul" care nu suportă multe lucruri, dar m-am înșelat. Acum iubesc pe cineva și, sincer, nu m-a schimbat în bine – am rămas același eu care eram și înainte. Nici nu știu de ce aveam așteptările astea, probabil mi-am creat o imagine falsă și am tot mers pe ideea asta.

Cred că, de fapt, doar eu aș fi putut să mă schimb, dacă aș fi vrut cu adevărat, nu o fată care să mă iubească. Asta a fost: am vrut probabil prea multă iubire, încât mi-am găsit mii de scuze și am făcut tot felul de legături fără sens în capul meu.

Importantă era voința mea, iar problema principală cred că a fost că nu mă cunoșteam suficient. Relațiile toxice și oamenii falși din jurul meu m-au împins, de fapt, să vreau să mă cunosc mai bine și să încerc să înțeleg mai bine oamenii, în general. A fost ca un impuls care nu se mai termina.

Acum am ajuns în punctul în care chiar nu-mi mai pasă de opiniile altora și de tot hate-ul pe care mi-l poate arunca cineva. Nu mă suporți? Mai du-te-n mă-ta, e simplu.

N-am să le mulțumesc niciodată oamenilor că au fost așa cum au fost, pentru că toate meritele sunt ale mele. Îmi mulțumesc mie că am reușit să nu-mi mai pese de nimic din ce-mi face rău și că am reușit să-mi dezvolt inteligența suficient cât să previn multe lucruri înainte să se întâmple.

Am mai spus-o: meritele sunt ale mele, nu ale lor.

Toate experiențele astea m-au schimbat. Am scris mare parte din ele în carte, iar dacă ai ajuns la partea asta, sigur știi deja ce m-a făcut să devin omul de azi. Restul, care nu sunt în carte, fie seamănă între ele, fie sunt prea neimportante.

Știi ce mă deranjează enorm? Faptul că există oameni cretini care, din cauza propriilor frustrări, simt nevoia să le răspândească și altora. E trist că, deși suntem în secolul XXI, oamenii tot adună frustrări. Teoretic, ar fi trebuit să avem tot ce ne dorim, la cât a evoluat tehnologia, dar, mna, trăim în România, unde suntem încă în urmă la capitolul modernizare, economie, dezvoltare socială etc.

Probabil ăsta e unul dintre motive, dar sigur sunt și altele, valabile peste tot în lume. Cred că ura dintre noi, pentru că suntem atât de diferiți, crește tot mai mult în zilele noastre. Cu cât evoluăm, cu atât evoluăm mai diferit, fiecare pe drumul lui.

Diferențele astea ne macină și ne fac tot mai frustrați, iar oamenii proști devin invidioși pentru că tu ești într-un fel, iar ei nu pot fi la fel. N-am înțeles niciodată asta: dacă avem aceleași capacități, de ce nu facem și noi ce fac cei pe care îi invidiem? Totul e posibil dacă vrei, mai ales în secolul XXI.

Ca să închei paranteza asta, cred că și pe frustrați i-ar ajuta cunoașterea – când știi, faci, nu mai comentezi doar ca să te afli în treabă.

Până la urmă, nu contează restul, ci doar tu. Dacă vrei să schimbi ceva în lume, începe cu tine.

CAPITOLUL 20

Și dacă tot am ajuns să vorbim despre cunoaștere, hai să discutăm puțin și despre inteligență și incultură, pentru că sunt strâns legate între ele.

Într-un fel, inteligența și incultura sunt opuse – nu poți fi inteligent dacă ești incult și nici invers. Am tot căutat oameni inteligenți cu care să pot avea discuții reale, dar de multe ori am dat peste tot felul de ratați, cu care fie mi-am făcut nervi, fie mi-am pierdut timpul degeaba.

Am ajuns la concluzia că, într-o țară în care cel puțin 10 manele sunt mereu în trending, nu prea ai cum să găsești atâția oameni inteligenți, ba chiar dimpotrivă. Nu am nimic cu gusturile muzicale ale nimănui, dar hai să fim serioși: dacă ajungi să asculți muzică făcută de unii care nu știu să vorbească nici măcar corect limba maternă, e clar că avem o problemă.

Așa că ar trebui să nu mai ai așteptări prea mari de la oameni fără valoare.

Vezi tu, ceea ce faci zi de zi spune multe despre caracterul tău. Rar vei vedea un intelectual ascultând manele sau un geniu care să nu fi încercat de mii de ori până să ajungă acolo unde și-a dorit.

De fapt, trăim în România, unde poți fi doctor fără să ai habar de sistemul circulator, deci poți fi „geniu" și fără să faci nimic. Cum am mai spus, învață să cunoști oamenii, ca să poți evita astfel de specimene.

Prietenii pe care îi ai lângă tine spun multe despre cine ești. Dacă ești înconjurat de depresivi, e normal să devii și tu unul; dacă te învârți printre proști, la un moment dat vei ajunge și tu ca ei. Mediul în care trăiești contează enorm, pentru că acolo te formezi și acolo evoluezi.

Ce legătură are cunoașterea cu toate astea? Are, pentru că dacă ajungi să cunoști cu adevărat ce e în jurul tău, vei realiza că mare parte din ceea ce te înconjoară e toxic, că ești înconjurat de oameni toxici și că vei mai întâlni mulți de-a lungul vieții.

Știi ce e important? Să nu devii și tu toxic ca ei, să te dezvolți pe tine, să nu te lași controlat de alții și să-i îndepărtezi pe cei care nu-ți fac bine, ca să-ți fie din ce în ce mai bine.

Eu, unul, sunt mândru de ceea ce sunt - am mai spus asta și o voi mai spune. Și sincer, nu am ajuns chiar un monstru, cum mă așteptam, sunt doar pe jumătate, dacă pot spune așa. Sunt monstru când trebuie, cu cine trebuie și cum trebuie. Îmi bag pula imediat dacă ajungi să-mi calci pe caracter fără să-mi ceri voie.

Așa trebuie să fii cu oamenii din ziua de azi, dar nu uita să fii și prietenos, sociabil, înțelegător. E important să ai răbdare și înțelegere pentru oamenii de calitate pe care îi vei întâlni.

Totul ține de filtrul de prostie și toxicitate pe care ți-l creezi în timp. Să cunoști oamenii e un lucru mare, dar să-i îndepărtezi pe cei care nu merită e și mai mare.

Cunoașterea e singura armă care te poate ridica cu zece niveluri peste ceea ce ești deja.

Totul se schimbă, mai puțin oamenii - oamenii rămân la fel, oricât ai încerca să-i schimbi. Dacă cineva e într-un fel și ai observat asta, nu te aștepta să se schimbe prea mult în timp, poate chiar deloc.

Și uite că am încheiat și partea asta. Urmează o secțiune care o să-ți arate cum poți ajunge ceea ce-ți dorești, dacă vrei cu adevărat. Dar ca să nu mai lungim vorba, poți să dai pagina deja.

PARTEA VI

Succesul

Atât de mulți ni-l dorim și pentru mulți se lasă greu așteptat, poate chiar deloc.

CAPITOLUL 21

Și uite că, încet-încet, am ajuns și la partea asta la care voiam să ajung de mult timp.

Sincer, de prea multe ori m-am întrebat: „Oare de ce unii au succes și eu nu?” sau „Chiar fac totul degeaba?”. Mii și mii de întrebări, dar niciun răspuns clar, din păcate.

Am făcut o grămadă de lucruri faine de care eram mândru, dar parcă totul era în zadar dacă nu primeam acel feedback după care tânjeam. Știi tu, senzația aia că cineva chiar apreciază efortul pe care îl depui.

Orice ai face, nimic nu e ușor și totul cere timp – nici măcar să scrii o carte, oricât de banală ar părea. Pe bune, pe lângă faptul că îți sacrifici din timpul tău ca să ajuți alți oameni, există riscul să faci totul degeaba.

Totuși, aici pot spune că nu am așteptări de la nimeni. Să scriu, pentru mine, nu înseamnă să aștept feedback sau validare. O fac pur și simplu ca să mă descarc într-un mod util. Cine știe, poate tu, dacă citești cartea asta, găsești ceva de învățat.

Hai să intrăm în subiect.

Succesul... sună puțin clișeic, dar e și controversat. Ce înseamnă, de fapt, să ai succes? Fiecare își definește succesul în felul lui: pentru unii înseamnă mii de urmăritori pe Instagram, pentru alții înseamnă doar câțiva oameni care să-i susțină sincer.

Devine complicat când ajungi la o vârstă la care vrei să faci bani din ceea ce faci, pentru că te-ai săturat să stai cu ai tăi și nu ai de unde să investești în lucrurile care „cică" ar trebui să-ți aducă profit, mai ales când știi că faci totul bine.

Mă uit la unii – nu dau nume – care sunt acolo sus și n-au muncit nici măcar o secundă pentru ceea ce au. Sună aiurea, dar asta e realitatea.

Toate întrebările astea nu m-au ajutat deloc, ba chiar m-au făcut să mă gândesc mai mult la bani decât la evoluția mea. Pentru că, oricât aș încerca, dacă nu există apreciere, nu există bani, nu există susținere, parcă totul e degeaba.

Uneori simțeam că toți mă urăsc fără să mă cunoască sau, mai rău, că universul complotează împotriva mea, ca să nu-mi iasă nimic din ce-mi doresc.

Dacă stau să mă gândesc, cam așa a fost: lucrurile bune au fost atât de rare încât nici nu le-am băgat în seamă, pentru că cele rele erau mult mai multe.

Ghinion sau o viață ghinionistă? Poate chiar am fost ales de univers să fiu ăla cu experiențe de căcat. Pula mea, nici nu pot spune că am vreo religie sau că cred în ceva, așa că n-am pe cine să dau vina – nici pe univers, nici pe soartă.

Poate e vina mea, deși știu destul de multe, parcă niciodată nu știu destule. Dar, sincer, nimeni nu va ști vreodată totul, nimeni nu va deține toate informațiile.

Deci, nici nu pot să spun că e vina mea. La fel ca și succesul, totul pare să fie... „occurred", pur și simplu.

Și mi se pare ciudat că mereu fix de ce mi-e frică nu scap și exact lucrurile pe care nu le vreau se întâmplă.

Ghinion sau vina mea?

Poate știe Nenea Succes, poate el are răspunsurile, că pare să fie bun prieten cu Nenea Ghinion și se joacă alba-neagra cu mine.

Revenind la subiect, am observat că niciodată nu obții ceea ce-ți dorești atât de ușor, mai ales succesul, pe când ghinionul vine nechemat.

Ce am învățat din toate astea e că nu trebuie să te dai bătut, să nu te lași demoralizat, și că atunci când ai ocazia să acționezi, să o faci fără ezitare. Dacă se întâmplă ceva rău, gândește-te că oricum s-ar fi întâmplat la un moment dat.

CAPITOLUL 22

Și, tot legat de succesul despre care vorbeam până acum, am observat de-a lungul timpului că oamenii tind să-ți „muște" din succes și să încerce să te tragă în jos, aproape de ei, ca nu cumva să-i depășești. Gândește-te: dacă ție îți merge bine și lor nu, de ce să-ți meargă ție? Cine dracu' ești tu, până la urmă?

Poate tu chiar ai muncit pentru ceea ce ai, spre deosebire de ei – asta e diferența. Mulți vor să ajungă sus, ca norocoșii despre care vorbeam mai devreme, fără să aibă vreo legătură reală cu ceea ce fac.

Toți ne dorim asta, sincer, și poate că e bine că nu sunt chiar atât de mulți care ajung sus fără să merite. Totuși, dacă ne uităm la România, parcă vreo 60% tot nu-și merită locul, dar, la noi, parcă niciodată nu se face totul pe bune.

Nici nu-ți imaginezi câte episoade de depresie am avut din cauza asta. Și, culmea, se combinau cu alte probleme despre care am mai vorbit în carte, și ieșea un adevărat „combo" de depresii. Nu eram deloc bine, m-au lovit prea multe din senin. Ghinion sau vina mea?

Oricum ar fi, merg mai departe. O depresie, încă una... la un moment dat, parcă devin tot mai

„light”, pentru că înveți cum să le gestionezi, după ce treci prin ele de atâtea ori.

Probabil, la un moment dat, o să scriu o altă carte despre succes, dar acum nu-l cunosc atât de bine încât să pot vorbi cu adevărat despre el. Pot doar să-mi dau cu părerea și să-mi imaginez cum ar fi, să mă întreb dacă am vreo vină sau nu.

Nu m-am gândit niciodată să fac ceva doar pentru bani – poate de asta încă stau cu ai mei. Dar, cu timpul, simți tot mai multă presiune și începi să-ți dorești să fii împlinit pe toate planurile. Iar prin „întregime” mă refer la faptul că vrei ca munca ta să fie apreciată. Te saturi, la un moment dat, să fii singurul care-și apreciază munca.

Feedback-ul propriu nu e niciodată suficient. Mereu vei căuta confirmarea și aprecierea celorlalți. Dar nu e sănătos să te axezi prea mult pe asta, pentru că, în timp, te va distruge. Oamenii, când văd că îți merge tot mai bine, încep să te urască și să încerce să te doboare.

Așa apar comentariile de hate de la frustrați care nu vor fi niciodată ca tine. Așa apar și „prieteni” care te trag în jos, pentru că nu suportă că tu ai reușit și ei nu.

Știi ce am mai învățat? Să mă desprind de oamenii care mă trag în jos și nu mă lasă să mă dezvolt. Oameni care chiar vor să crească alături de tine sunt rari – de cele mai multe ori doar par că vor asta, iar la prima ocazie încearcă să te manipuleze ca să nu-ți iasă lucrurile cum ți-ai dorit.

Și, crede-mă, e greu să-ți dai seama când cineva vrea să te tragă în jos, mai ales dacă e o persoană importantă pentru tine.

Am renunțat la multe persoane din viața mea și, sincer, mă simt mult mai bine. E liniștitor să știi că nu ești obligat să faci ce nu vrei.

Dacă nu suporți ceva, pur și simplu spune „pass" și mergi mai departe.

Grupurile sociale în care trăiești te formează nu doar ca personalitate, ci și ca mod de gândire. Când vei vrea să ieși dintr-un grup pentru că faci lucruri mai faine, acel grup va încerca să te țină la același nivel cu el.

CAPITOLUL 23

Și, pentru că tot vorbim despre succes, e al naibii de greu să auzi replici de genul: „Nu vei face nimic cu viața ta”, „Oricum faci degeaba ce faci”, mai ales din partea celor „apropiați”. Dar am învățat, în timp, să nu-mi mai pese, indiferent ce spune sau crede oricine despre mine. Pur și simplu, dacă mă deranjezi, plec.

Nu am respect pentru nimeni care își permite să jignească ceea ce sunt sau ceea ce fac. Tot am vorbit despre toxicitate – să nu te mire dacă vine chiar din partea familiei. E aceeași mizerie, oamenii sunt la fel, fie că-ți sunt familie sau nu: azi se poartă într-un fel cu tine, mâine altfel.

Se spune că familia îți e mereu alături. Prostii. Dacă tu nu ești alături de tine, să n-ai așteptări de la nimeni altcineva.

Succesul vine atunci când ești doar tu cu tine și cu proiectul la care lucrezi, fără surse toxice din exterior, fără energie negativă, fără critici inutile și fără oameni care nu te vor acolo unde vrei tu să ajungi. E simplu în teorie, dar vezi, nici eu nu reușesc mereu să aplic ceea ce știu despre succes.

Nu pot spune că îmi este greu, însă ceva, ceva mă trage în continuare în jos – probabil chiar eu, probabil nu mi-am vindecat toate rănile lăsate de alții și doar le ascund, de teamă să nu devin ce vor ei.

Sunt sătul până peste cap de ce vor alții de la mine. Îmi doresc doar ce vreau eu pentru mine, atât.

Zilele trecute mă uitam la tot felul de oameni care „cică" vând rețeta succesului în cursuri. Știi ce am realizat? Că toate chestiile astea sunt doar aberații, povești inventate ca să poată și ei să supraviețuiască vânzând ceva prin care nici măcar n-au trecut.

E ușor să scrii despre ceva, dar e greu să simți ceea ce scrii, mai ales dacă nu ai trecut niciodată prin ce povestești. Oamenii ăia mor de foame și vând „rețeta succesului". Hai să fim serioși, cum vine asta?

Am spus că nu vreau să vorbesc despre ce nu am trăit sau nu am simțit, așa că în cartea asta mă limitez la ce m-a deranjat și la ce mi-a pus piedică în a fi fericit sau împlinit.

Cred că marea mea problemă a fost că am ascultat prea mult părerile și criticile altora, în loc să merg înainte fără regrete. Știi cum e: ce faci, îți asumi, așa capeți experiență și dovedești maturitate.

Întotdeauna am căutat aprobarea celorlalți în aproape orice făceam și, mai rău, mă deranjau criticile lor. Serios, am mai spus asta: cei care critică o fac din frustrările sau invidiile lor, deci de ce dracu' să-i bagi în seamă?

Și, mai presus de toate, de ce să asculți de oricine, când tu îți dorești atât de mult ceva? O să muncească și ei cu tine pentru visul tău? Au depus și ei vreun efort în ceea ce ai creat? Evident că nu. Deci nu ar trebui să-ți pese de părerile lor și nici să mai aștepți confirmarea altora.

E simplu: vrei ceva, luptă doar tu și cei implicați cu adevărat, nu toți proștii, toate neamurile sau mă-ta cu tac-tu.

E clar că poți să te aștepți la orice de la oricine. Te vor pupa în fund când vei fi sus, până atunci doar te vor critica. Și chiar și când vei fi sus, tot vei primi critici menite să te doboare. Important e să nu-ți pese.

CAPITOLUL 24

Pe drumul către succes te vei lovi de o grămadă de obstacole, asta e sigur. Dar nu trebuie să te lași doborât, să te lași influențat de nimeni. Trebuie să perseverezi în fiecare clipă din viața ta.

Și eu m-am confruntat cu tot felul de episoade de depresie, uneori fără motiv clar, și poate încă mai trec prin asta, dar nu renunț. Vezi tu, niciodată nu va fi suficient ceea ce faci și mereu vei vrea ceva mai spectaculos în viața ta.

La un moment dat, totul ți se poate părea plictisitor sau te poți gândi la cum era „cândva". Dar adevărul e că „cândva" nu există - există doar prezentul și viitorul.

Încă mă întreb cum e să fii „singur". Pot spune că nu e nici bine, nici rău. Poate că, într-un fel, eram deja obișnuit cu singurătatea, chiar dacă aveam mulți oameni în jur. Acum sunt singur la propriu și, sincer, e mai bine. E mult mai ok fără toxicitate, fără falsitate, fără oameni care îți sapă în suflet pentru propriile lor interese.

Interese vor exista mereu, dar important e să le recunoști și să acționezi când simți că ceva nu e în regulă.

Am nopți în care nu pot dormi, la fel ca înainte. Doar că acum, fie nu dorm pentru că am treabă, fie pentru că mă gândesc la cum să fac lucrurile să meargă mai bine, cum să evoluez, cum să mă dezvolt.

Nu e deloc ușor să vrei să faci ceva măreț și să-ți fie apreciată munca. Ai nevoie de timp, de nervi tari și, probabil, și de ceva bani ca să ajungi să te faci cunoscut, să-ți faci reclamă.

Totuși, m-am întrebat de ce promovarea nu funcționează mereu. N-am găsit nici acum răspunsul. Poate pentru că oamenii sunt interesați doar de ce e gratis sau ieftin și bun, mai ales la noi, la români. Așa că, automat, mulți potențiali clienți dispar.

Nu poți să faci ceva ieftin și bun, pentru că te neglijezi pe tine și timpul tău. Dacă muncești la ceva, e normal să vrei să câștigi banii pe care îi meriți pentru munca și timpul investit.

Oamenii nu vor înțelege asta niciodată - vor încerca mereu să iasă ei în avantaj. Așa suntem noi, românii, am fost învățați să căutăm mereu chilipiruri, pentru că astea sunt resursele pe care le avem.

Dar, măcar, ar trebui să învățăm să apreciem munca, dacă nu financiar, măcar emoțional. Vezi tu, nu vei avea niciodată parte de toată susținerea oamenilor.

Susținerea va veni abia atunci când și alții te vor aprecia - efectul de turmă: „îmi place pentru că le place și altora". Până să ajungi să fii susținut de oameni de calitate, va mai dura. Când te vor descoperi, atunci vor veni și ceilalți după ei. Dar până atunci, importantă e perseverența.

Asta am învățat și asta vreau să pun în practică. Sper să reușesc, iar dacă nu reușesc eu, măcar unul dintre voi, cei care citiți cartea asta și care mi-ați fost alături încă de la prima.

Cartea asta a ajuns să fie una educativă, o carte a experienței, dacă pot spune așa. Descărcându-mă emoțional, am reușit să-i învăț și pe alții care trec prin ce am trecut eu, cum să reacționeze, cum să acționeze.

Ține minte: succesul și orice altceva contează doar dacă tu îți dorești cu adevărat și muncești pentru ceea ce vrei să obții.

FINALUL

Și am ajuns și la finalul acestei cărți, sper că v-ați delectat creierele cu ceva util și ați avut ce învața din noile mele experiențe.

Eu am învățat să mă bazez doar pe mine, pentru că eu îmi controlez viața și mai mult de atât să nu mă dau bătut său influențat de nimeni și să acționez în consecință.

Sunt mândru că am reușit să termin și această carte și mai mult de atât, sunt entuziasmat că se va putea învața ceva din aceasta carte.

De la o carte scrisă pentru o simplă tipă, am ajuns la o altă carte scrisă pentru și despre societate.

O carte despre și pentru oameni, cu experiențe trăite chiar de mine, care m-au maturizat atât psihic, cât și intelectual.

www.ingramcontent.com/pod-product-compliance
Lightning Source LLC
LaVergne TN
LVHW091123150826
845673LV00002B/955

* 9 7 9 8 2 2 7 6 9 0 7 8 4 *